– Nie zjadaj mnie, Miszeńka. Wyrośnie rzepa, wezmę sobie korzonki, a tobie dam wszystko, co nad ziemią.

– No, może tak być – zgodził się Niedźwiedź. – Ale jeżeli mnie oszukasz, to więcej nie wchodź do lasu.

Tak powiedział i zniknął w leśnej gęstwinie.

Rzepa obrodziła – wyrosła pękata i słodka. Jesienią chłop przyjechał, żeby ją wykopać. A tu Niedźwiedź z lasu wychodzi, upomina się o swoje:

– Chłopie, pora rzepę dzielić! Dawaj moją część!

– Oczywiście, Miszeńka, dzielimy się wedle umowy: dla ciebie to, co nad ziemią, dla mnie korzonki.

Zostawił chłop Niedźwiedziowi całą nać, a rzepę załadował na wóz i powiózł do miasteczka na targ, żeby ją sprzedać.

Sprzedał chłop rzepę, a i sobie niemało zostawił do kaszy. Jedzie drogą powrotną przez las, aż tu naprzeciw niego idzie Niedźwiedź.

– Skąd jedziesz, chłopie? – zapytał krzywołapy.

– Z targu jadę, Miszeńka, gdzie sprzedałem korzonki.

– A daj mi spróbować takiego korzonka!

Co było robić, dał chłop Niedźwiedziowi rzepę.

Skosztował Niedźwiedź rzepy i rozzłościł się:
– Oszukałeś mnie! Moja zielenina jest gorzka, a twoje korzonki słodziutkie. Teraz lepiej nie przyjeżdżaj do mnie do lasu po drewno, bo cię zjem!
Przyszła wiosna. Chłop na polu posiał żyto. Zboże wybujało pięknie.

Przyjechał chłop żąć żyto, a Niedźwiedź już czeka.

– Teraz, chłopie, już mnie nie oszukasz. Dawaj moją część. Tylko tym razem to, co nad ziemią, dla ciebie, a dla mnie korzonki.

Chłop oczywiście ucieszył się, że nie straci cennych kłosów.

– Niech ci będzie, Miszeńka. Bierz korzonki, a ja sobie wezmę to z wierzchu.